14 Mai 1909

marqué

SUCCESSION

DE

M. T. BROET

[illegible] SPETTINER

Paris — Mai 1909

SUCCESSION

DE

M. T. BROET

CONDITIONS DE LA VENTE

Elle sera faite au comptant.

Les acquéreurs paieront *dix pour cent* en sus des enchères.

L'exposition mettant le public à même de se rendre compte de l'état et de la nature des objets, il ne sera admis aucune réclamation, pour quelque cause que ce soit, une fois l'adjudication prononcée.

Paris. Imp. Georges Petit, 12, rue Godot-de-Mauroi. — 19637-09.

CATALOGUE

DES

OBJETS D'ART

ET

TABLEAUX

Œuvre importante de DECAMPS
Et Portrait de Mme la Comtesse Du Barry, par DROUAIS

BEAUX MEUBLES ANCIENS DU XVIII SIÈCLE

EN MARQUETERIE ET ACAJOU

Des maîtres ébénistes : L.-C Carré, J. Canabas, I. Dubois, Pierre Denizot, Migeon, J.-F. Leleu, P. Pionez, N.-P. Séverin, Adam Weisweiller, Christophe, Wolff

ANCIENNES FAIENCES & PORCELAINES
De la Chine, Compagnie des Indes, Japon

IMPORTANT VASE COUVERT EN ANCIENNE FAIENCE DE ROUEN

BRONZES D'AMEUBLEMENT

Objets variés — Émaux de Limoges, XVIe siècle

SÉRIE DE TROIS TAPISSERIES ANCIENNES D'AUBUSSON

Sujets maritimes d'après LACROIX

Le tout dépendant de la succession de M. T. BROET

ET DONT LA VENTE AUX ENCHÈRES PUBLIQUES AURA LIEU

HOTEL DROUOT, Salles Nos 7 & 8 réunies

Le Vendredi 14 Mai 1909, à 2 heures

COMMISSAIRES-PRISEURS

M PAUL LEMOINE, 91, rue Lafayette, 91 | M F. LAIR-DUBREUIL, 6, rue Favart, 6

EXPERTS

MM. PAULME & B. LASQUIN F[illegible], 10, rue Chauchat, 10 — 12, rue Laffitte, 12

Chez lesquels se distribue le présent Catalogue

EXPOSITIONS

PARTICULIÈRE : *Le Mercredi 12 Mai 1909, de 2 heures à 6 heures.*
PUBLIQUE : *Le Jeudi 13 Mai 1909, de 2 heures à 6 heures.*

Entrée par la rue Grange-Batelière.

TABLEAUX

ANCIENS & MODERNES

COYPEL

(Attribué à)

1 — *Bacchus et Ariane. — Renaud et Armide.*

Deux peintures sur toile, faisant pendants.

Haut., 42 cent.; larg., 52 cent.

DECAMPS

2 — *Une Route dans le Midi.*

Idée première de la composition suivante.

Fusain. Haut., 30 cent.; larg., 43 cent.

Vente après décès de l'artiste (29-30 avril 1861), n° 59.

DECAMPS

3 — *Pendant la moisson.*

Au premier plan, sur une route poudreuse et ensoleillée, bordée de champs de blé qui se perdent à l'horizon, en plein midi, une femme chemine, les jambes et les pieds nus, vêtue d'un corsage clair et d'une jupe aux couleurs vives. Elle porte, en équilibre sur la tête, une amphore; sous le bras gauche, une corbeille d'osier contenant une marmite, et tient son enfant de l'autre main, suivie d'un chien l'air pantelant. Elle se dirige vers un groupe de moissonneurs, au repos à l'ombre d'un grand chêne, au bord du chemin, causant à un cavalier. Une charrette, chargée de paille et traînée par deux bœufs, vient vers le groupe. (Voir la reproduction.)

Cachet à la cire de la vente, sur le châssis.

Toile. Haut., 1 m. 15; larg., 1 m. 65.
Haut. de la figure, 18 cent.

Vente après décès de l'artiste (29-30 avril 1861), n° 25.

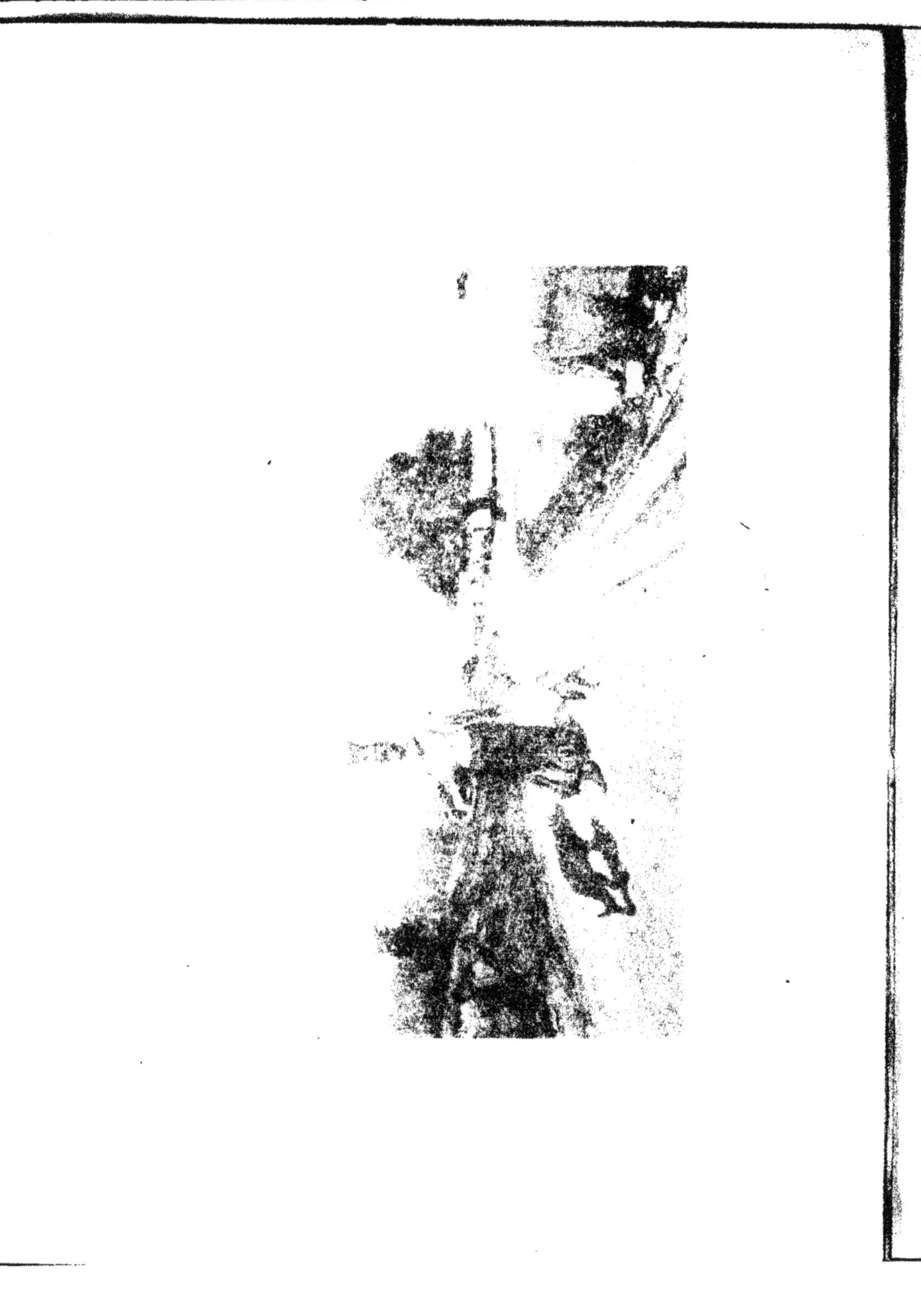

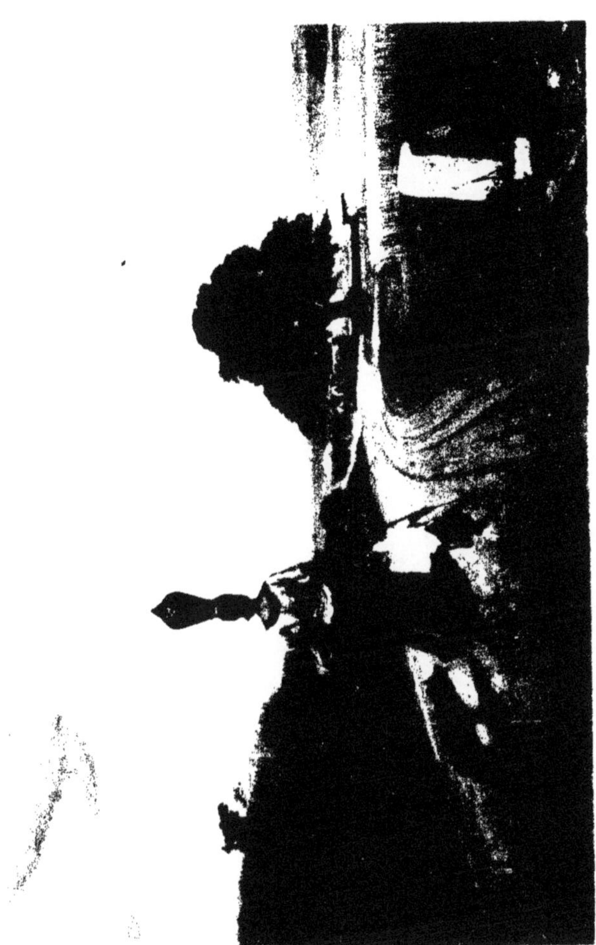

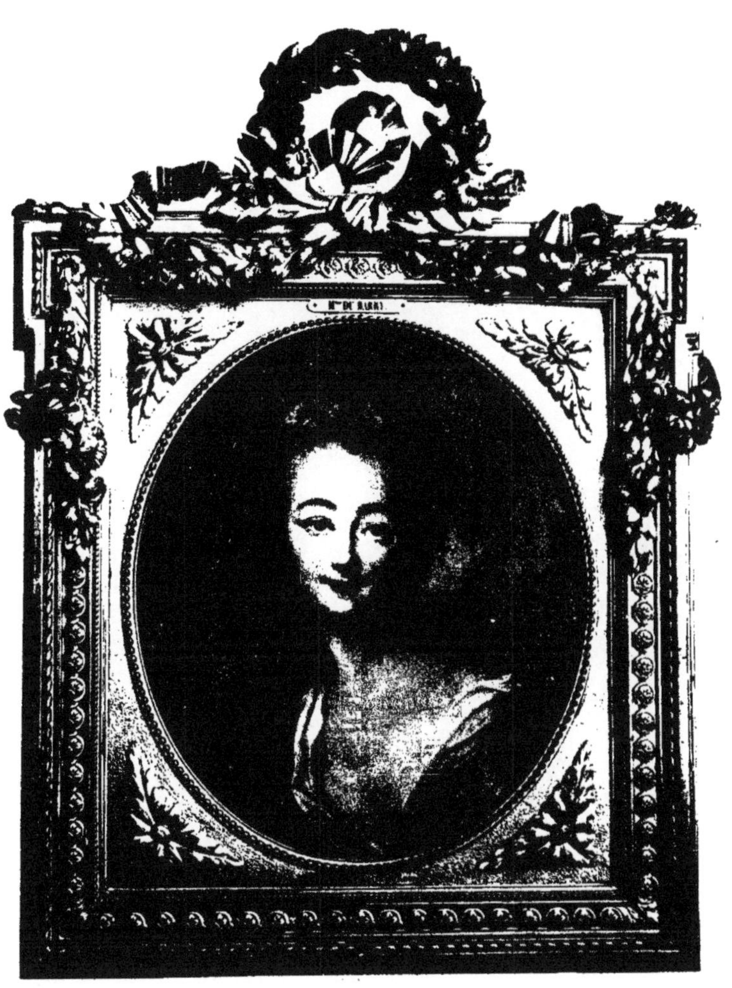

N° 1

20.100

DROUAIS

4 — *Portrait de Mme la Comtesse Du Barry.*

Elle est représentée en buste, le corps légèrement tourné vers la gauche; la figure souriante regarde le spectateur. Elle est drapée dans un déshabillé rose, laissant apparaître la chemise et découvrant la poitrine et l'épaule. La chevelure poudrée est parée d'une couronne de petites roses.

Toile ovale. Haut., 48 cent.; larg., 40 cent.

Beau cadre ancien, en bois sculpté et doré, à moulures ornées de ruban et entrelacs, avec fronton couronné de fleurs guirlandes et chutes retombant sur les côtés. Époque Louis XVI. (Voir la reproduction.)

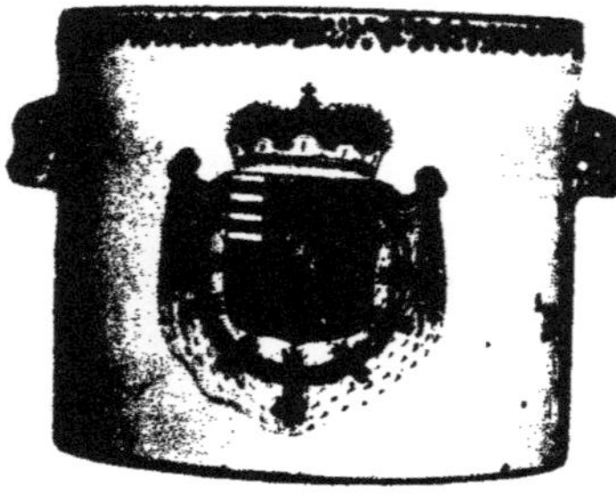

N° 10 (A)

N° 10 (A)

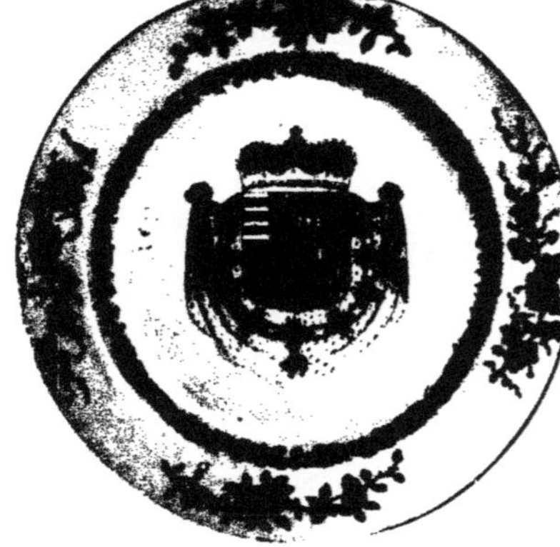

N° 10

3130 les 64 pièces

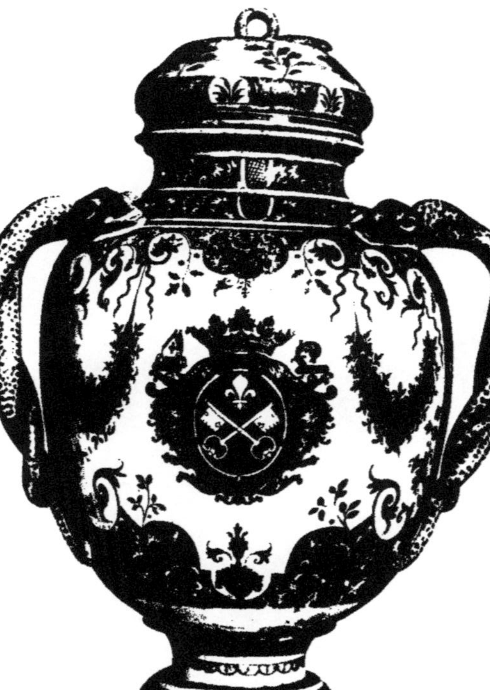

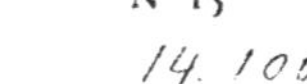

N° 15

14.100

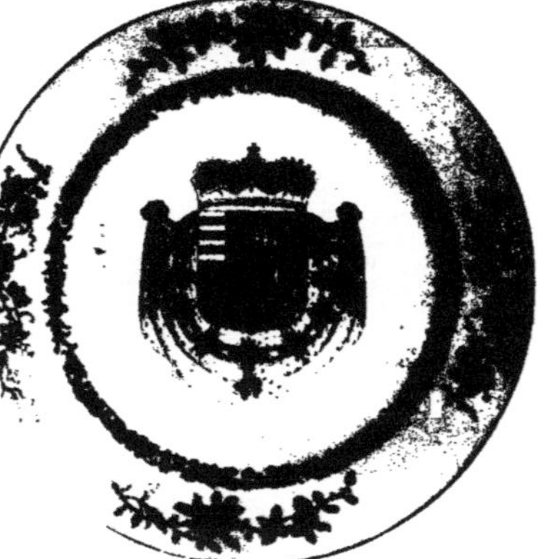

N° 10

Objets d'Art & d'Ameublement

ANCIENNES FAIENCES & PORCELAINES

Rouen — Chine — Compagnie des Indes — Japon

5 — Paire de vases ovoïdes, en ancien céladon blanc craquelé de Chine, animaux en léger relief et en bleu.

Haut., 36 cent.

6 — Grand plat en ancienne porcelaine de la Compagnie des Indes, décor de grosses fleurs en émaux de couleurs.

7 — Deux grandes coupes, en ancienne porcelaine de la Compagnie des Indes, décor simulant une fleur de lotus, avec médaillons réservés, chargés de branchages, en dorure. A l'intérieur, gerbe de fleurs.

8 — Aiguière couverte et sa cuvette à angles coupés en ancienne porcelaine de la Compagnie des Indes, décorée de branchages fleuris et d'un écusson ducal sur fond d'hermine.

9 — Grand pot a eau, en ancienne porcelaine de l'Inde, décoré de deux médaillons, l'un à personnages, l'autre à oiseaux et rocher, sur fond d'or chargé de fleurs.

10 — *a)* Service en ancienne porcelaine de la Compagnie des Indes, comprenant trente-deux assiettes plates, douze creuses, trois compotiers, quatorze plats de dimensions variées, deux saucières, une soupière couverte et son plateau, décorés en couleurs et dorure ; au centre, un riche écusson armorié en émaux de couleur, écu à la Toison d'or sur fond d'hermine et couronne princière. Marli à branches fleuries, en dorure ; à la chute, rinceaux de fleurs semblables.

b) Paire de cachepots-jardinières, décor analogue. (Voir la reproduction.)

11 — Deux tasses de décor analogue avec mêmes armoiries et couronne ducale.

12 — Paires de pots à thé en ancienne porcelaine de Chine, décor bleu, à lambrequins, feuillages. Petite monture à frise de feuillages et bouton formant rosace, en bronze ciselé et doré. Ils sont renfermés, ainsi qu'une petite cuillère en argent armorié, dans un coffret en bois de placage. Époque Louis XIV. (Voir la reproduction.)

13 — Paire de grandes coupes couvertes, de forme arrondie, en ancienne porcelaine du Japon, décorées en couleurs et dorure, de médaillons chargés de branchages fleuris, le couvercle, ainsi que la base, moulurés en cuivre. (Voir la reproduction.)

Haut., 39 cent., diam., 34 cent.

14 — Paire d'importantes potiches couvertes, à huit pans, en ancienne porcelaine du Japon, décorées en couleurs et dorure : Médaillons à paysages, pagodes, arbustes, etc., sur fond chargé de fleurs. (Voir la reproduction.)

Haut., 88 cent.

15 — Grand vase couvert, à piédouche, à panse piriforme, resserré vers son orifice et muni de deux anses formées de serpents tordus dont les têtes viennent reposer sur l'épaulement du vase. Le décor, exécuté en bleu jaune et rouille, consiste en rinceaux, palmettes et compartiments brodés, guirlandes de fleurs, de fruits et lambrequins ; sur l'une des faces, on voit un écusson d'armoiries sommé d'une couronne, accompagnée d'une crosse et

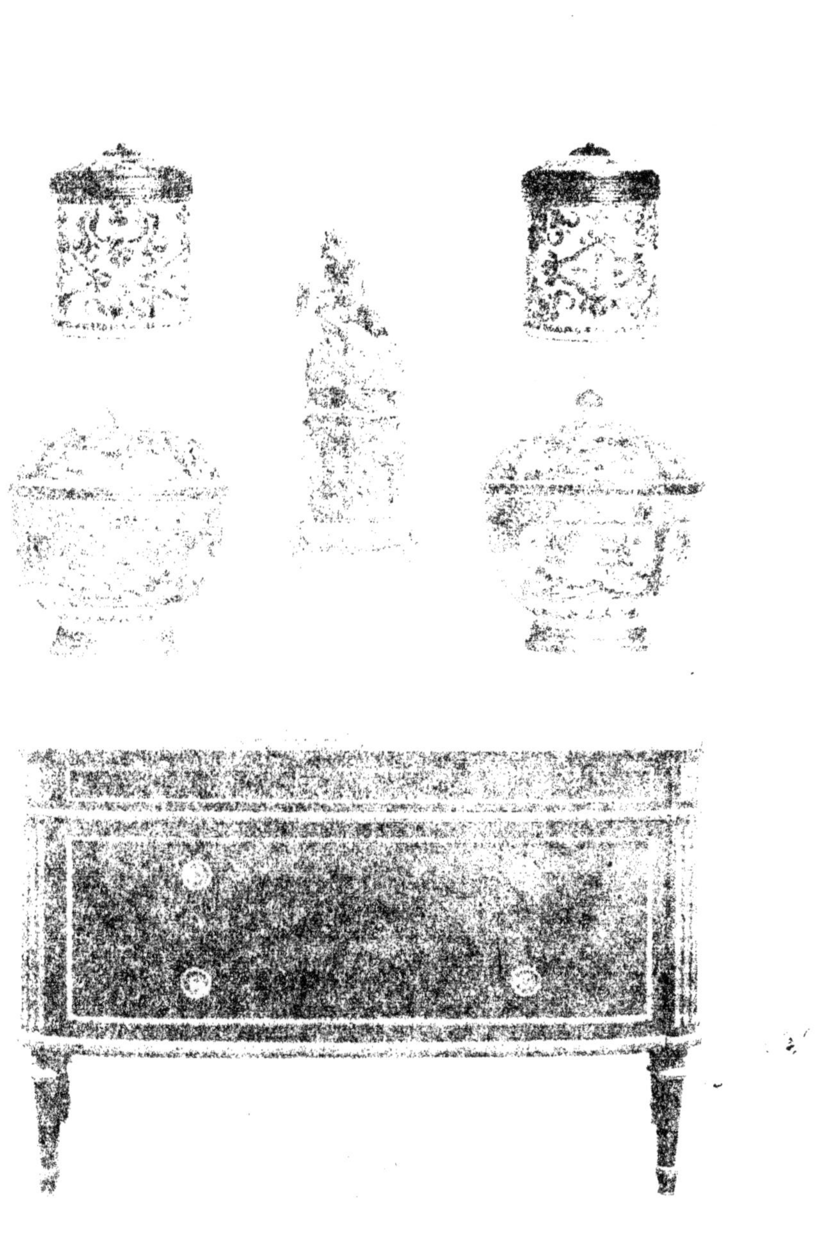

[illegible]

[illegible]

14

[illegible]

[illegible]

14

[illegible]

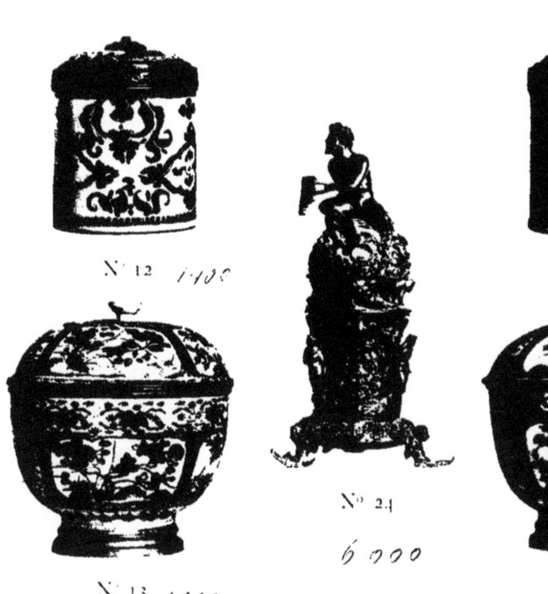

N° 12 1400

N° 12

N° 24

6 000

N° 13 1500

N° 13

N° 54

11 000

d'une mitre épiscopales : de gueules à deux clefs d'argent en sautoir, accompagnées d'une fleur de lis de même en chef (Clermont-Tonnerre) ; sur le couvercle, on lit l'inscription : *Theriaca* et la date *1732*. Ancienne porcelaine de Rouen. *Atelier de Guillibaux*. (Voir la reproduction.)

Haut., 73 cent.

Nota. — Le pendant de ce vase a été vendu à la vente de Mme d'Yvon, le 30 mai 1892, sous le n° 146.

BRONZES D'AMEUBLEMENT

PENDULES

16 — Paire de petites appliques à deux lumières, en bronze ciselé et doré, formées de branchages enroulés, sortant d'un feuillage. Époque Régence.

17 — Paire de petits chenets en bronze ciselé, doré, faits de sphinx à tête de femme, sur base rectangulaire en forme de console. Époque Régence. (Voir la reproduction.)

Haut., 27 cent. ; larg., 17 cent.

18 — Pendule monumentale sur sa gaine, en marqueterie de cuivre et écaille à arabesques et médaillon renfermant des initiales. Riche ornementation de bronzes, moulures ornées, entrelacs, feuillages, mascarons, et statuette du Temps, formant le couronnement. Marquée de *Gaudron, à Paris*. Époque Régence. (Voir la reproduction.)

Hauteur totale, 2 m. 30.

19 — Petite pendule cartel d'applique, en bronze ciselé et doré, à motif de rocailles et feuillages avec fleurs, surmonté d'une petite figure de Chinois assis. Époque Louis XV.

Haut., 48 cent.

20 — Paire d'appliques à deux lumières, en bronze ciselé. Époque Louis XVI.

21 — Paire d'appliques à deux lumières, en bronze ciselé et doré, modèle à culots de feuillages, torchères enflammées, nœuds de ruban. Commencement de l'époque Louis XVI.

22 — Petite pendule en bronze patiné et bronze doré, ornée d'une figure de femme assise et s'appuyant sur le mouvement symbolisant la *Vérité*, sur socle à mascaron et guirlandes. Contre-socle en bois noir, orné d'une frise de poste et feuilles, en bronze ciselé et doré, reposant sur quatre petits pieds. Cadran marqué *Courvoisier, à Paris.* Époque Louis XVI.

Haut., 35 cent.; larg., 29 cent.

23 — Pendule en bronze ciselé et doré, à cadran horizontal tournant, formée d'un vase ovoïde à piédouche et couvercle surmonté d'une pomme de pin, enguirlandé de feuillages de chêne. Il repose sur un socle fût de colonne à cannelures avec baguettes. Sur la base moulurée et ornée se lit l'inscription : *Couppey, à Paris.* Époque Louis XVI. (Voir la reproduction.)

Haut., 47 cent.

OBJETS VARIÉS

24 — Brule-parfum en bronze patiné, reposant sur une base ornementée de feuillages et mascarons, à trois pieds formés d'enfants, se terminant en feuillages. Le corps du brûle-parfum, formé de statuettes en ronde bosse, de mascarons, d'aigles et feuillages ; la partie supérieure faite d'une figure de faune tenant une flûte de Pan, reposant sur un dôme à mascarons, coquilles et petits anges. Travail italien du XVIe siècle. (Voir la reproduction.)

Haut., 46 cent. 1/2.

25 — Suite de neuf plaques rectangulaires, à angles coupés, en ancien émail de Limoges, en couleurs, représentant des scènes de la Passion. XVIe siècle. Encadrements en bois doré du XVIIe siècle.

Dimensions de chaque plaque : haut., 18 cent.; larg., 15 cent.

26 — Deux miroirs rectangulaires, avec ornements et fronton en cuivre estampé, composés de feuillages, de chiffres entrelacés surmontés d'une couronne. XVIIe siècle.

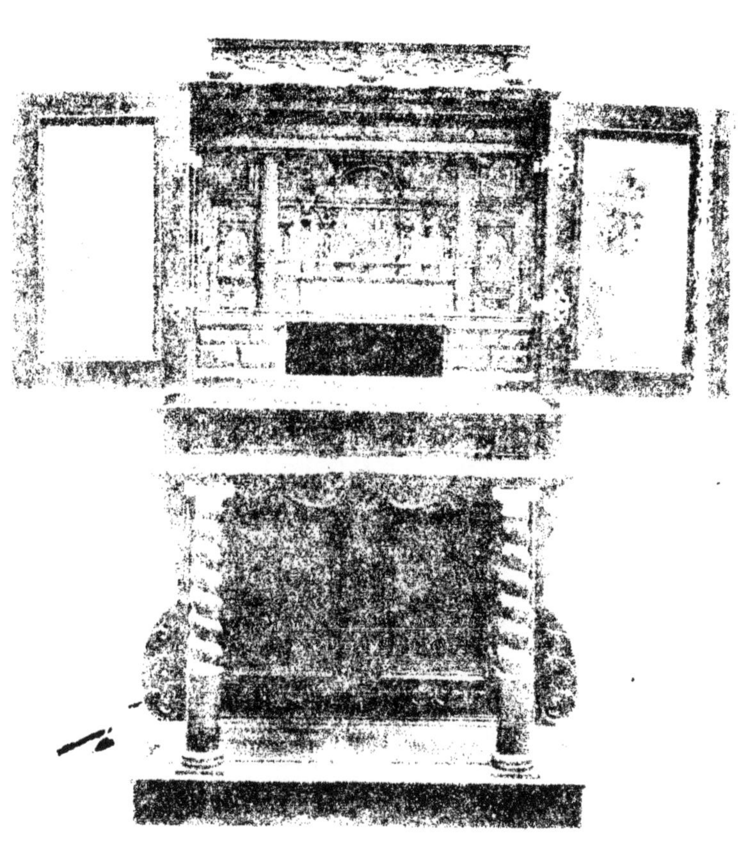

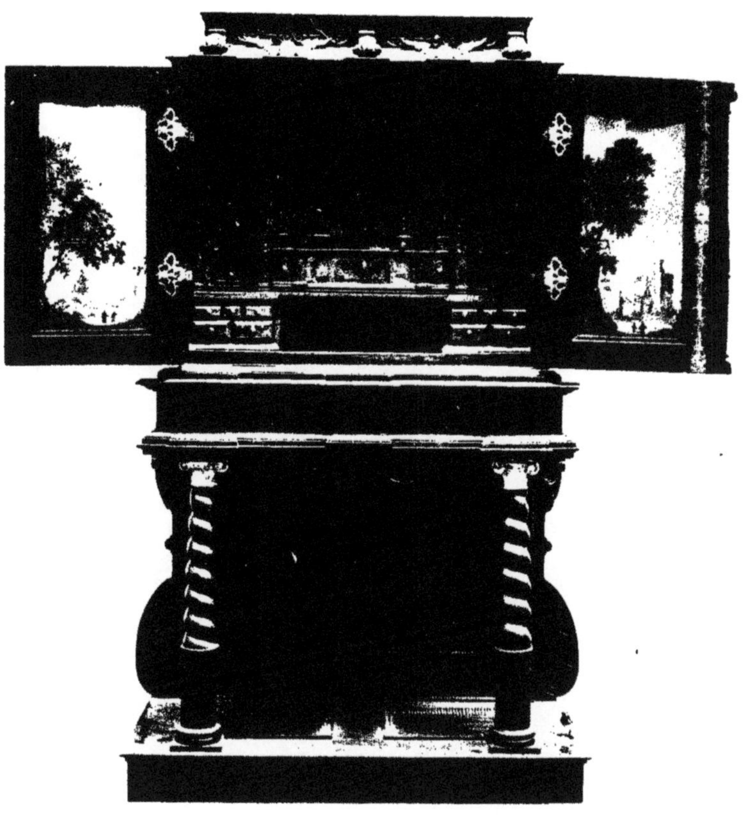

N° 30

5 100

27 — Paire de miroirs, de forme contournée, en bois sculpté doré, encadrés de feuillages avec nœud de ruban. A la base de chacun d'eux, bras-appliques à deux lumières en bronze. Fin de l'époque Louis XV.

Haut., 90 cent.; larg., 60 cent.

28 — Vase ancien, de forme Médicis, sur piédouche, en porphyre mouluré.

Haut., 33 cent., diam., 25 cent.

29 — Statuette en marbre blanc tendre, figurant Minerve debout.

Haut., 59 cent.

MEUBLES

30 — Cabinet ancien, en bois noir, ouvrant à deux portes à colonnes, ornées de mosaïques de marbre et mosaïques de Florence, avec peintures paysages au revers. L'intérieur, de forme architecturale, à colonnes ioniques, arcades, etc., en marqueterie de bois de couleurs et motifs de sculptures en bas-relief. Il ouvre à nombreux compartiments et tiroirs, dont un à secret dissimulant d'autres tiroirs intérieurs. Il porte la date 1555 et repose sur une console support en bois noir à colonnes torses et chapiteaux dorés. (Voir la reproduction.)

Hauteur totale, 1 m. 87; larg., 1 mètre.

31 — Cabinet de forme architecturale, à colonnes; fronton en bois peint et rehaussé d'or. Il est enrichi de plaquettes en marbre, lapis-lazuli, nacre, et ouvre à nombreux tiroirs. Époque Louis XIII.

Haut., 52 cent.; long., 61 cent.; larg., 39 cent.

32 — Vitrine, ouvrant à deux portes, avec partie supérieure vitrée; en bois noir, marqueterie d'étain et bois de couleurs. Les panneaux inférieurs des portes avec rosaces encadrées de rinceaux. Fin du XVIIe siècle.

Haut., 2 m. 08; larg., 1 m. 38.

33 — PAIRE DE GRANDES CONSOLES support, en bois sculpté, doré et parties argentées ; composées d'un groupe de deux dauphins accolés et une coquille, accompagnés de feuillages formant les appliques qui supportent le plateau. Époque Louis XIV.

Haut., 75 cent.

34 — COMMODE en bois de placage, sur quatre pieds élevés, cambrés ; ouvrant à quatre tiroirs, ornés de bronzes ciselés et dorés, encadrements de tiroirs, poignées de tirages, entrées de serrures, sabots, cul-de-lampe. Dessus de marbre. Époque Régence.

Larg., 1 m. 28 ; profond., 65 cent.

35 — CONSOLE en bois sculpté et doré, à quatre pieds de forme mouvementée. Dessus de marbre. XVIIIe siècle.

36 — PETITE COMMODE d'entre-deux, de forme contournée, sur pieds élevés et cambrés, à côtes mouvementés ; en marqueterie de bois de placage ; frises d'entrelacs et filets d'encadrement. Elle ouvre à deux tiroirs de face, avec porte sur les côtés. Ornementation de bronzes ciselés et dorés, baguettes, anneaux de tirage, entrées de serrure, chutes, sabots et cul-de-lampe ; vases ornementés sur la face et les côtés. Dessus de marbre brèche d'Alep. Époque fin Louis XV. (Voir la reproduction.)

Haut., 89 cent. ; larg., 95 cent. ; profond., 65 cent.

37 — COMMODE de forme contournée, sur quatre pieds élevés et cambrés : ouvrant à deux tiroirs, en marqueterie de bois de placage à carrelages. Elle est ornée de bronzes ciselés dorés ; entrées de serrures, poignées de tirage, chutes, sabots et cul-de-lampe à rocailles et feuillages. Elle porte l'estampille du maître ébéniste *I. Dubois, rue de Charenton*. Époque Louis XV.

Long., 1 m. 70.

38 — PETITE TABLE A OUVRAGE de forme rectangulaire et légèrement contournée, à quatre pieds cambrés et tablette d'entrejambe, en marqueterie de bois de placage, à fleurs. Le dessus ouvre à charnières avec quatre compartiments intérieurs. Tablette de face et tiroir latéral. Elle porte l'estampille du maître ébéniste ***Migeon, au faux-bourg Saint-Antoine,*** dans l'intérieur du tiroir. Époque Louis XV. (Voir la reproduction.)

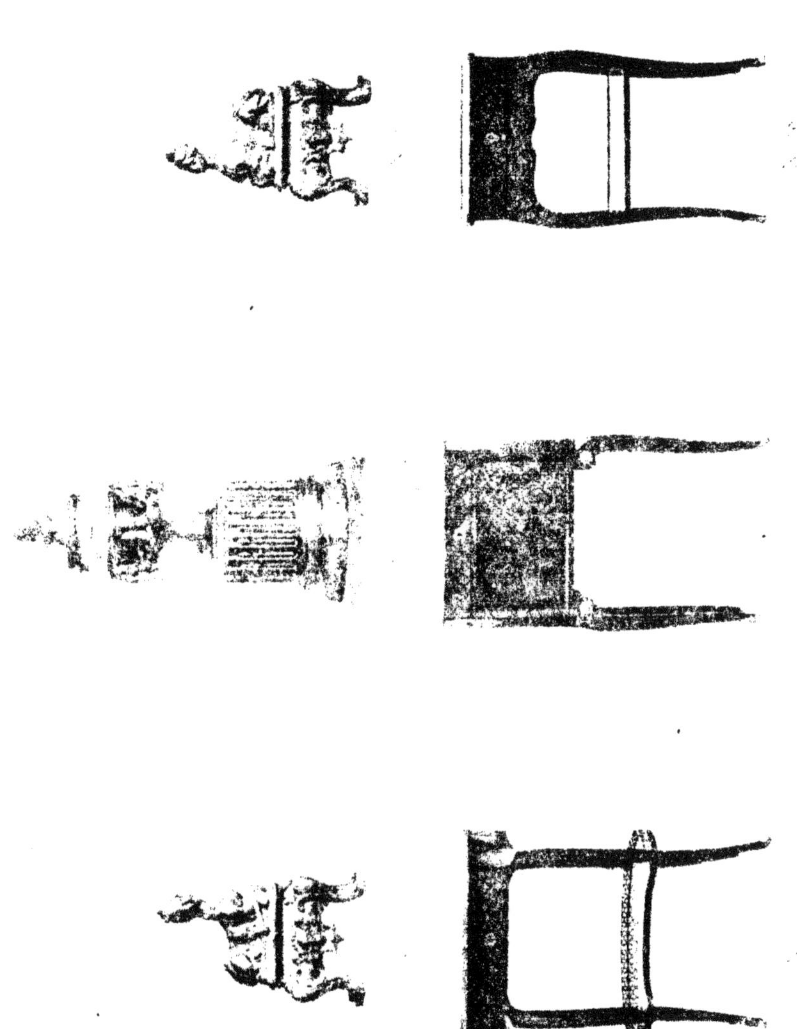

[illegible]

[illegible]

[illegible]

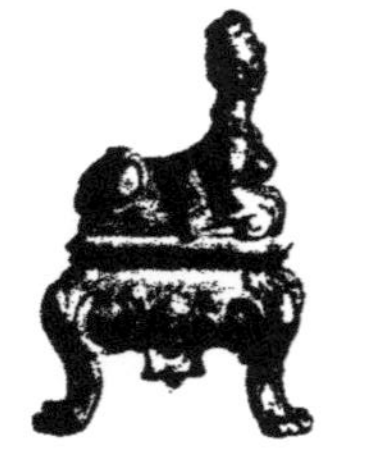

N° 17 255

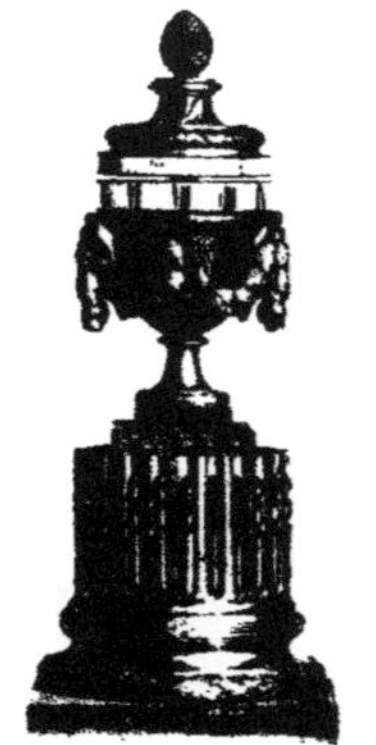

N° 23 2800

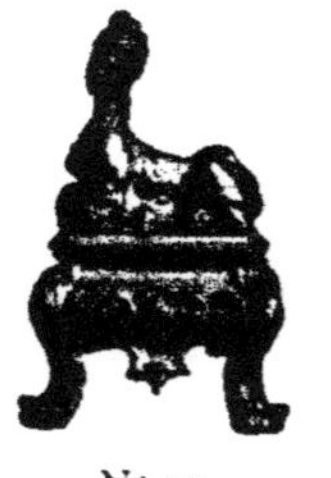

N° 17

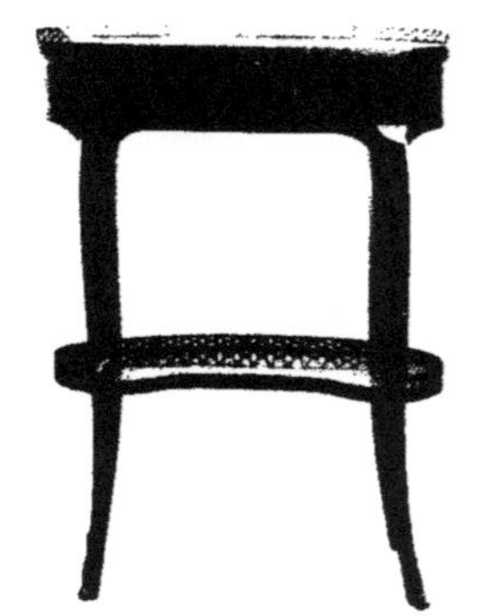

N° 39

5 200

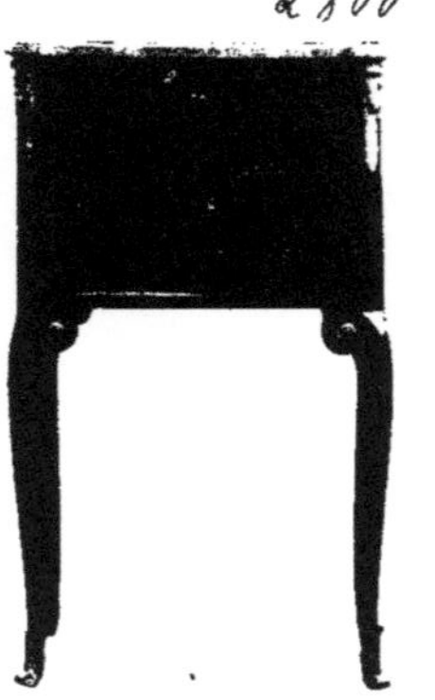

N° 41

9570

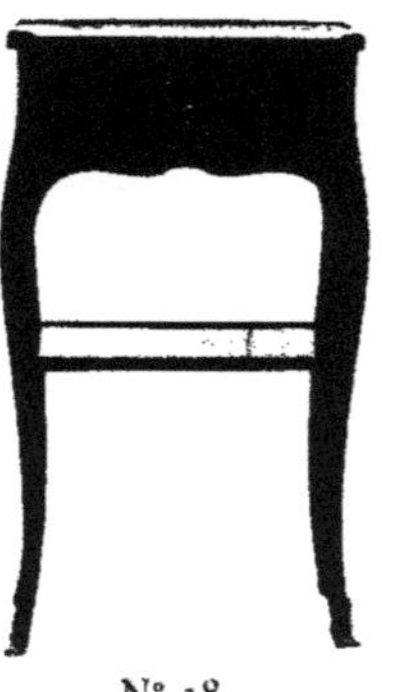

N° 38

5100

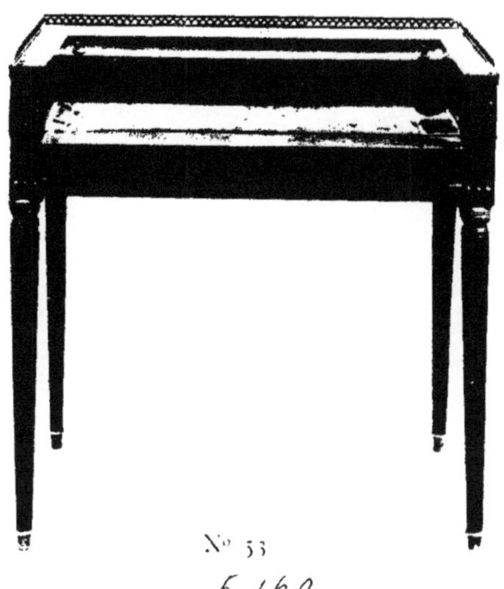

N° 55

5.160

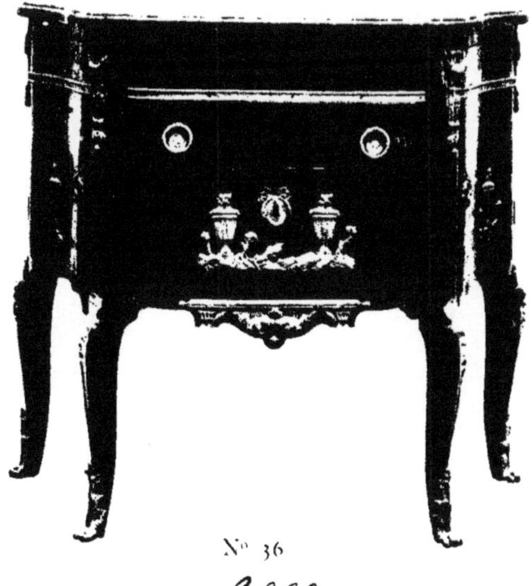

N° 36

9000

39 — Petite table, de forme ovale, sur quatre pieds élevés et cambrés, réunis par une tablette forme rognon, en marqueterie de bois de couleurs, à fleurettes et carrelages ; au centre de la tablette inférieure, un médaillon de fleurs. Tiroir à la ceinture. Dessus de marbre blanc et galerie ajourée en cuivre. Époque fin Louis XV. (Voir la reproduction.)

Haut., 71 cent.; long., 55 cent.; larg., 41 cent.

40 — Petite table rectangulaire, à quatre pieds cambrés et élevés, en marqueterie de bois de placage, avec dessus orné d'une gerbe de fleurs. Elle ouvre à tiroir latéral. Époque Louis XV.

Haut., 71 cent.; long., 54 cent.; larg., 38 cent.

41 — Petite table de milieu, à quatre faces cintrées, sur quatre pieds élevés et cambrés en forme de console ; en marqueterie de bois de placage à rosaces dans des carrelages. Elle ouvre à un tiroir formant bureau et trois autres intérieurs, masqués par une porte ouvrant à coulisse. Garniture de bronzes dorés, chutes, rosaces, sabots, entrées de serrure et ceintures. Elle porte l'estampille de *P. Pionez*. Fin de l'époque Louis XV. (Voir la reproduction.)

Haut., 79 cent.; long., 50 cent.; larg., 35 cent.

42 — Secrétaire, de forme contournée, avec côtés mouvementés, ouvrant à abattant et deux portes inférieures, en marqueterie de bois de placage. Il est orné, sur la face, de deux grands médaillons à paysages animés de figures, dans des encadrements à rocailles et fleurs. Sur chacun des côtés, deux médaillons, gerbes fleuries, ornementation de bronze ciselé doré ; entrées de serrures, chutes, sabots, cul-de-lampe. Dessus de marbre. Il porte l'estampille de *Christophe Wolff, rue Neuve Saint-Denis*, reçu maître ébéniste le 18 décembre 1775. Époque Louis XV. (Voir la reproduction.)

Haut., 1 m. 32; larg., 98 cent.

43 — Secrétaire, de forme contournée et côtés mouvementés, ouvrant à abattant et deux portes inférieures, en marqueterie de bois de placage, décoré sur ses trois faces d'un vase chargé de branchages fleuris et oiseaux. Il est orné de bronzes ciselés et dorés : chutes, sabots, entrées de serrures, cul-de-lampe. Dessus

de marbre. Il porte l'estampille de *Pierre Denizot*, rue Neuve Saint-Roch, reçu maître ébéniste le 1er août 1740. Époque Louis XV. (Voir la reproduction.)

Haut., 1 m. 30 ; larg., 97 cent.

44 — Régulateur, de forme contournée, en marqueterie de bois de placage à fleurs ; il est richement orné de bronzes ciselés et dorés, médaillon avec attributs des sciences, formant lunette pour le balancier ; rinceaux feuillagés, chutes de fruits et nœuds de ruban. Le cadran marque *Brulfer, à Paris*. Il porte l'estampille de *Nicolas Pierre Sérerin, rue Dauphine*, reçu maître ébéniste le 23 juin 1779. Époque Louis XV. (Voir la reproduction.)

Haut., 2 m. 40.

45 — Commode, à coins arrondis, en bois de placage, ouvrant à trois tiroirs et porte latérale. Dessus de marbre. Époque Louis XVI.

Haut., 87 cent. ; larg., 97 cent. ; prof., 45 cent.

46 — Petite table servante, de forme rectangulaire, à trois étagères et colonnettes en acajou. Époque Louis XVI.

Haut., 73 cent. ; long., 66 cent. ; larg., 35 cent.

47 — Console servante, en acajou, ouvrant à tiroirs, avec tablette inférieure. Elle repose sur quatre colonnes cannelées et pieds toupie. Filets incrustés, baguettes, cannelures et galerie ajourée en cuivre. Dessus de marbre bleu turquin. Époque Louis XVI.

Haut., 1 mètre ; long., 1 m. 40 ; prof., 48 cent.

48 — Console, forme demi-lune, à deux pieds fuselés et cannelés, en bois sculpté doré. Ceinture ajourée à rosaces, avec guirlandes de fleurs détachées et nœuds de ruban. Entrejambe avec vase garni d'un bouquet et chutes de fleurs. Dessus de marbre. Époque Louis XVI.

Larg., 1 m. 32.

49 — Petite table, bureau de dame, de forme rectangulaire, sur quatre pieds carrés en gaine ; en marqueterie de bois de placage, à carrelages, petites rosaces, garniture de bronze et quart de rond. Dessus de maroquin. Époque Louis XVI.

Haut., 71 cent. ; long., 75 cent. ; larg., 43 cent.

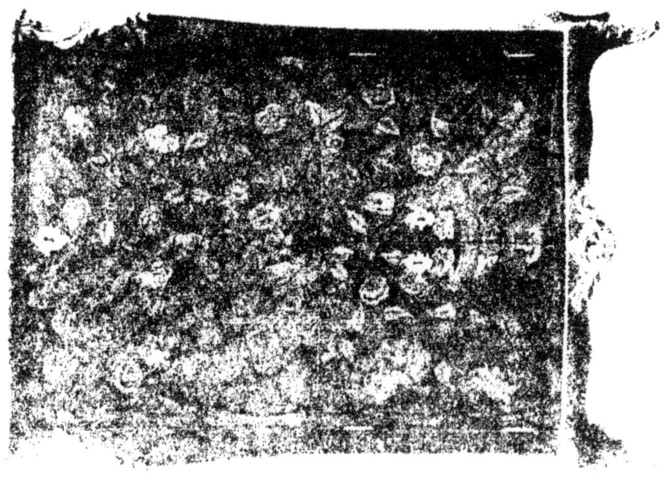

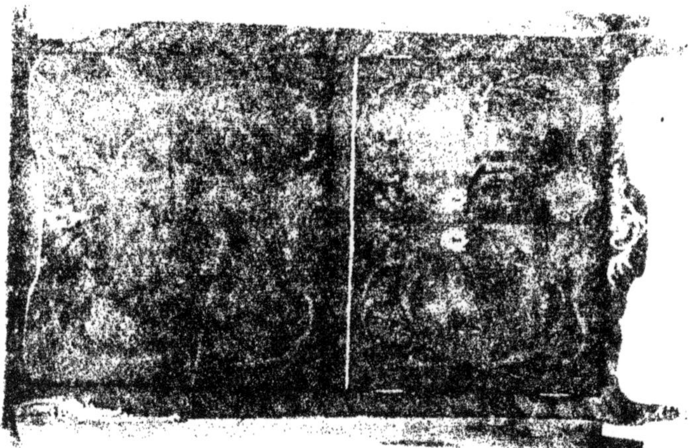

N° 42 2100

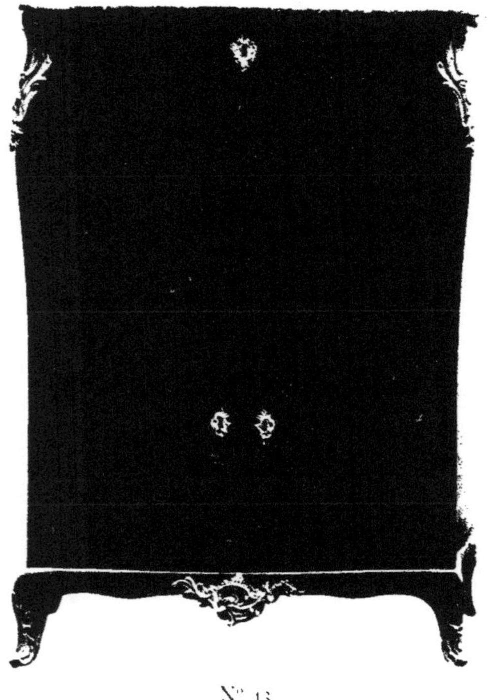

N° 43
6510

N° 18

2600

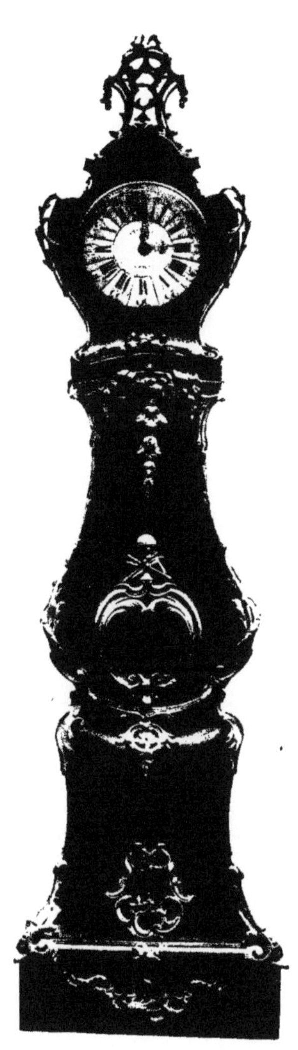

N° 44

9.200

50 — TABLE TRIC-TRAC en acajou, à quatre pieds fuselés et cannelés, ouvrant à deux tiroirs, avec dessus mobile, recouvert en maroquin et drap. Estampille illisible. Époque Louis XVI.

Long., 1 m. 13; larg., 60 cent.

51 — TABLE A JEU, en acajou et bois de couleur, à quatre pieds fuselés et cannelés. Baguettes et ornements en cuivre incrusté. Époque Louis XVI.

52 — TABLE-BOUILLOTTE en acajou, pieds cannelés à baguettes de cuivre ; encadrement de moulures ornées ; en bronze ciselé et doré. Époque Louis XVI.

53 — PETIT BUREAU de dame, en acajou, formant table, avec dessus ouvrant à coulisse. Intérieur à abattant et pupitre, garni de basane. Il repose sur quatre pieds fuselés et cannelés et ornementés de baguettes, et galerie ajourée en cuivre. Il porte une estampille illisible, probablement de *François Scheffer, rue Richelieu*, reçu maître ébéniste en 1782. Époque Louis XVI. (Voir la reproduction.)

Haut., 77 cent.; larg., 72 cent.; prof., 48 cent.

54 — MEUBLE D'ENTRE-DEUX, formant commode, de forme légèrement cintrée, en acajou, sur quatre pieds fuselés ; ouvrant à trois tiroirs de face. Elle est orné de bronzes ciselés et dorés, moulures, encadrement de panneaux à feuilles d'eau, anneaux de tirage à rosaces. Aux angles, pilastre cannelé en cuivre. Dessus de marbre brèche d'Alep, mouluré. Il porte l'estampille de *Jean François Leleu, rue Royale*, reçu maître ébéniste le 19 septembre 1764. Syndic de la communauté en 1776. Époque Louis XVI. (Voir la reproduction.)

Haut., 87 cent.; long., 1 m. 40; prof., 50 cent.

55 — PAIRE DE JARDINIÈRES en acajou, de forme cylindrique, reposant sur quatre pieds cannelés, ornées chacune de deux poignées en cuivre. Elles portent l'estampille de *Joseph Canabas, rue du fauh. Saint-Antoine*, reçu maître ébéniste le 1er août 1776. Époque Louis XVI. (Voir la reproduction.)

56 — Bureau plat, à quatre faces, en acajou. Il ouvre sur chaque face à deux portes latérales et un tiroir central : tirettes sur les côtés. Il repose sur huit pieds fuselés, aux angles colonnettes simulées à cannelures de cuivre. Ornementation d'encadrements de baguettes, mille raies et quart de rond en bronze doré. Dessus en basane. Il porte l'estampille de *Adam Weisweiller, rue et faubourg Saint-Antoine*, reçu maître ébéniste le 16 mars 1778. Époque Louis XVI. (Voir la reproduction.)

Long., 1 m. 48 ; larg., 74 cent.

57 — Meuble d'entre-deux, à hauteur d'appui, à côtés cintrés, en marqueterie de bois de placage à losanges et fleurons. Il ouvre à trois portes et trois tiroirs ; la partie centrale légèrement en saillie. Colonnettes détachées à cannelures en marbre vert de mer. Il est richement garni de bronzes ciselés et dorés, frises, encadrements de baguettes ornées, rosaces, guirlandes de fruits. Dessus de marbre vert de mer. Style Louis XVI.

Haut., 1 m. 05 ; long., 1 m. 75 ; prof., 60 cent.

58 — Deux gaines cylindriques, en forme de fûts de colonne, en acajou, à cannelures, ornées de baguettes et asperges en bronze doré. Socle carré. Style Louis XVI.

Haut., 89 cent. ; diam., 36 cent.

59 — Ameublement de salle à manger, comprenant une table rectangulaire à allonges et six chaises en noyer, garnies de cuir. *Maison Dromard*.

60 — Piano à queue d'*Ignace Pleyel*, nº 31.379.

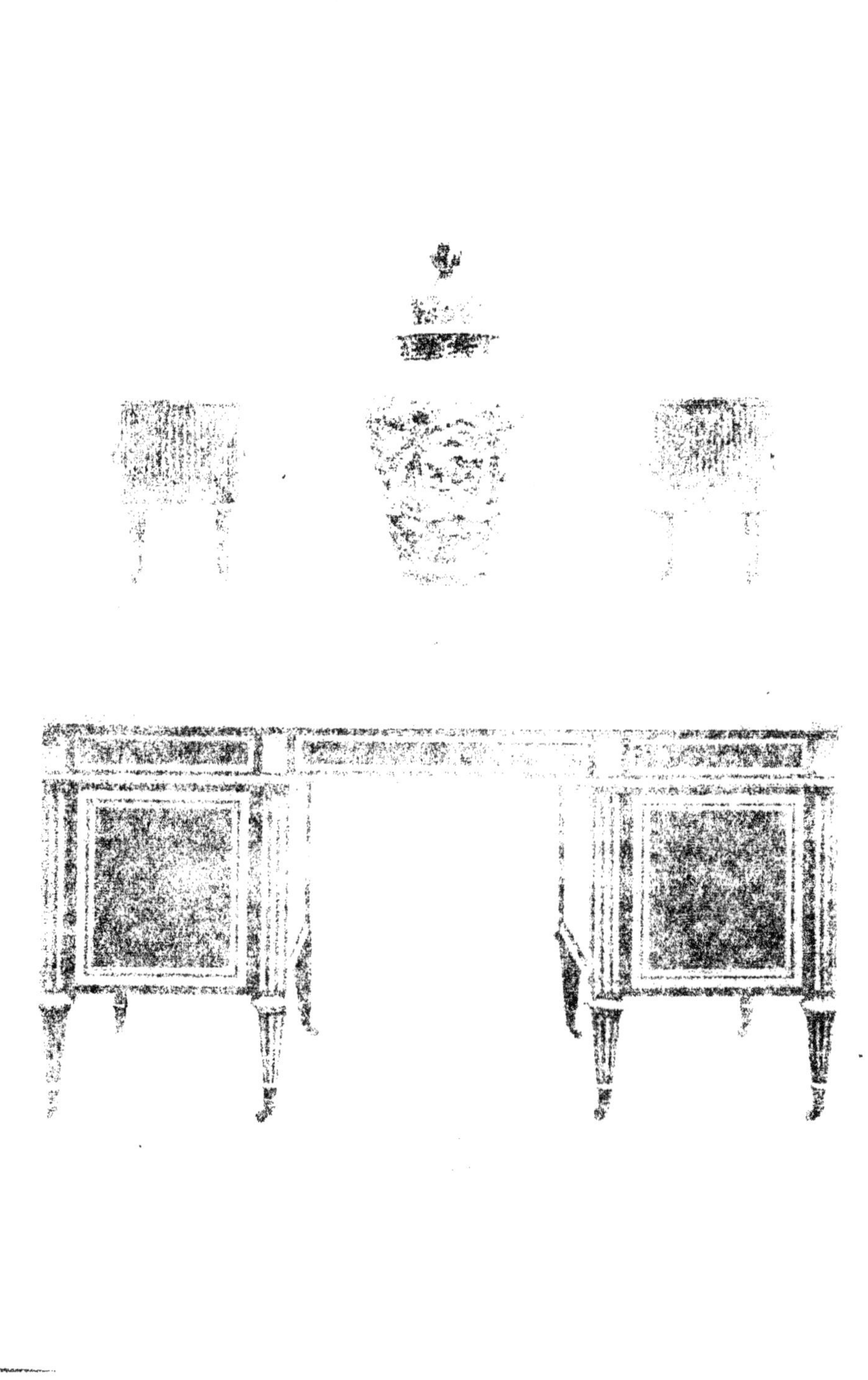

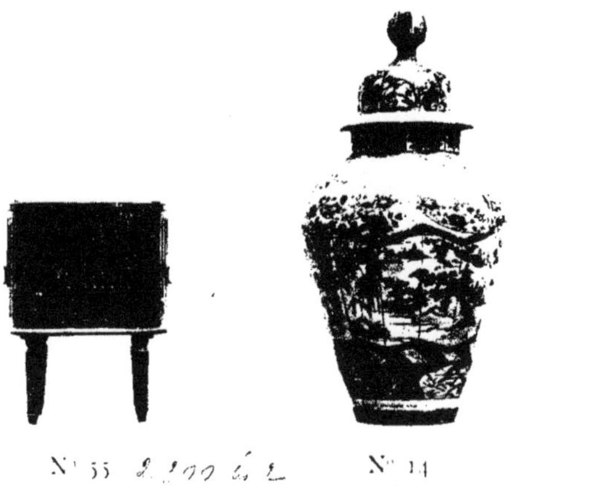

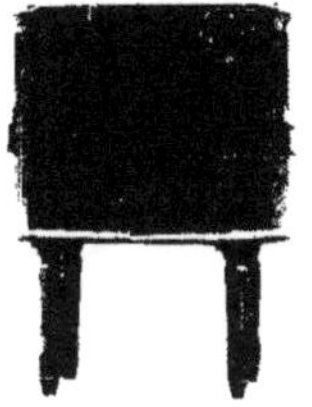

N° 55 

N° 14

2400

N° 55

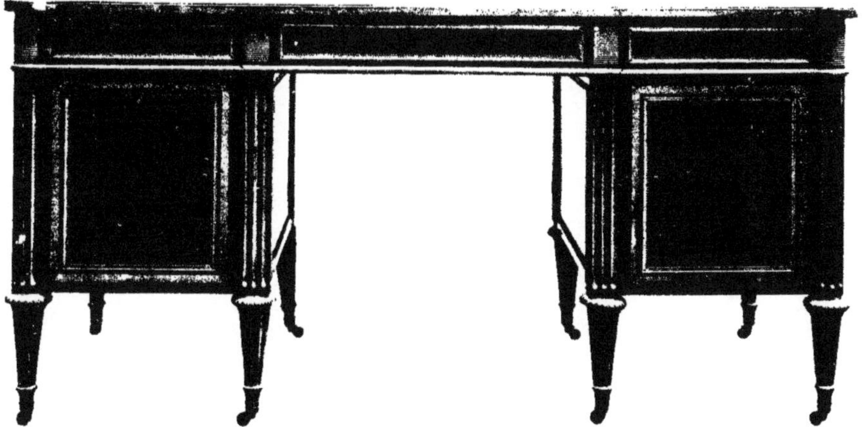

N° 56

15 900

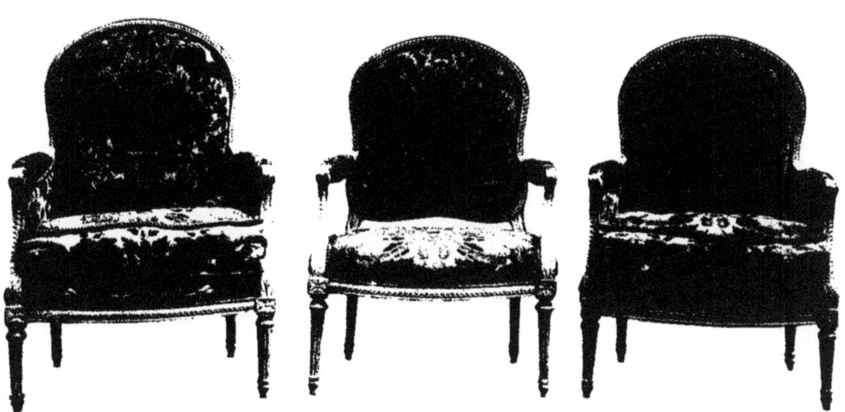

N° 62

21 600

AMEUBLEMENT DE SALON

SIÈGES

61 — Fauteuil canné, en bois sculpté. Époque Louis XV.

62 — Ameublement de salon composé de : un canapé forme corbeille, reposant sur neuf pieds fuselés et cannelés, deux bergères et six fauteuils en bois sculpté peint, ornés d'entrelacs et rosaces. Il est recouvert d'ancienne tapisserie au point offrant des corbeilles fleuries au centre de médaillons, encadrés de rinceaux, feuillages et fleurs. Les bois du canapé porte l'estampille du maître ébéniste : *L. C. Carré*. Époque Louis XVI. (Voir la reproduction.)

Larg. du canapé, 2 mètres.
Larg. d'une bergère, 68 cent.

63 — Prie-dieu en bois sculpté, doré, à ramages rocailles, feuillages. XVIIIe siècle.

64 — Petit canapé et deux fauteuils à dossier médaillon, en bois sculpté doré. Époque Louis XVI.

65 — Ameublement de salon en bois sculpté doré. Il se compose de : un canapé et quatre fauteuils, les dossiers ornés d'une couronne et guirlandes de roses. Garniture de soierie brochée à bouquet de fleurs. Fond saumon. Style Louis XVI.

66 — Six fauteuils en acajou sculpté, à dossier cintré et ajouré, à petits pilastres, accotoirs contournés et pieds antérieurs fuselés à baguettes. Il sont garnis en cuir et portent l'estampille de *Dromard*. Style Louis XVI.

TAPISSERIES

157 — TENTURE composée d'une série de trois tapisseries anciennes d'Aubusson, de la fin de l'époque Louis XV, représentant des sujets maritimes à nombreux personnages en costumes orientaux, port de mer, fond de ville, ruines-portiques et verdures. (Voir les reproductions.)

Dimensions : grand panneau, haut., 2 m. 15 ; larg., 4 m. 30 ;
petits panneaux : haut., 2 m. 15 ; larg., 1 m. 50,
Haut., 2 m. 15 ; larg., 1 m. 60.

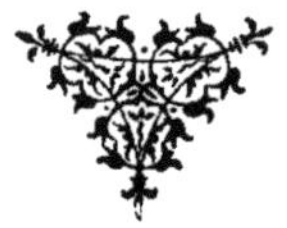

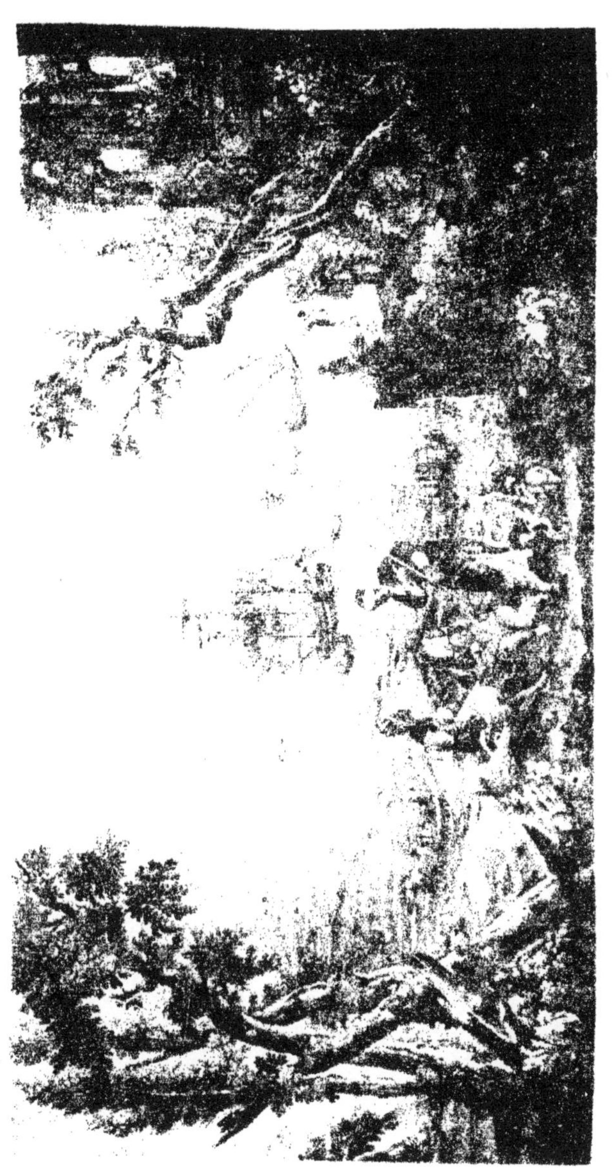

Her,

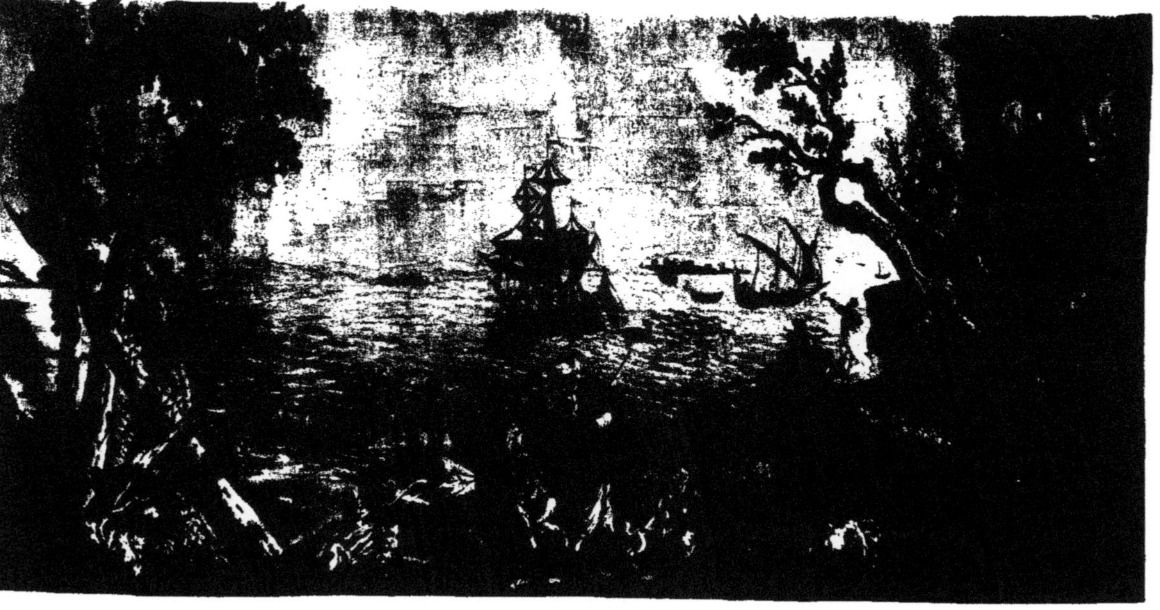

N° 67
25.000

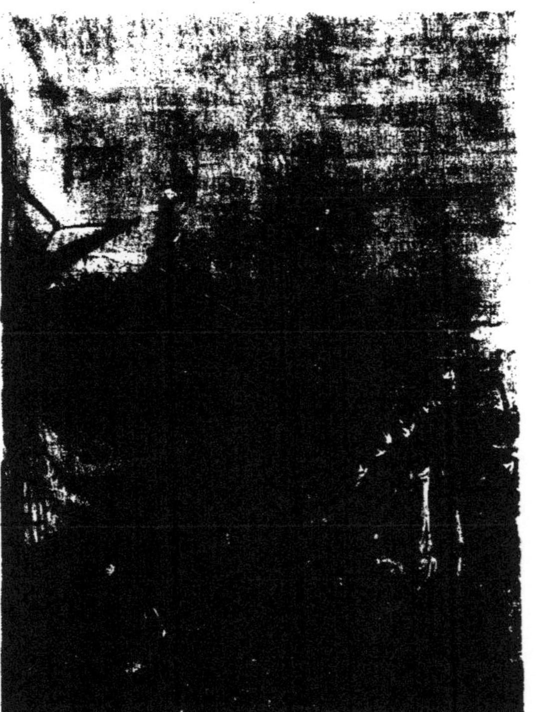

N° 67

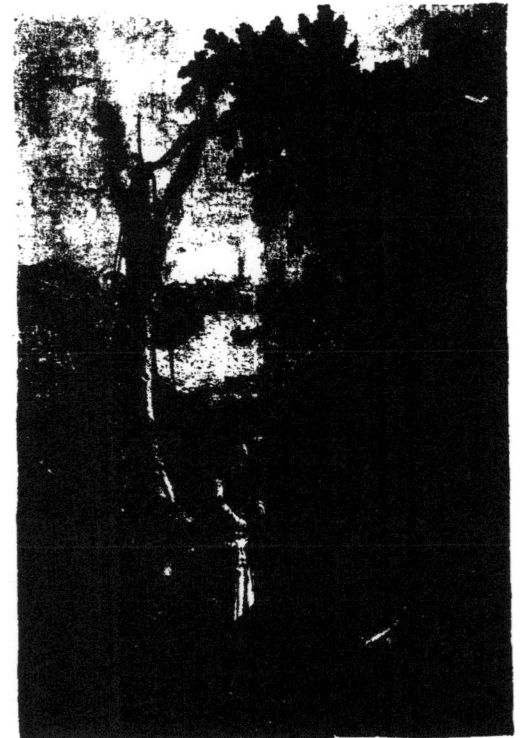

N° 67

www.ingramcontent.com/pod-product-compliance
Ingram Content Group UK Ltd.
Pitfield, Milton Keynes, MK11 3LW, UK
UKHW020431180726
13839UKWH00003B/1437

9 782329 537658